「仕事がうまくいくために、心がけることは？」

「夢をかなえるために大切なことは？」

まよったときの大ヒント

本書は、ビブリオマンシー（書物占い）です。
ビブリオマンシーの起源は、聖書とされ、
ひらいたページのなかの言葉を、
ご神託として受け取るというものだったようです。
ペンギンが占うこの本は、気軽に試せる「ヒント本」です。
心のなかに浮かんだ問いを、風にきくように、
楽しく使ってみてください。

つかいかた

まよったとき、なやんだときに、

1. 知りたいことを頭に思い浮かべて
2. パッと本を開く
3. そこにこたえが書いてある(たぶん)

「こたえ」は、直接的なものでないことが多いので、
言葉のしめす意味を大きくとらえて、
あなたの好きなように解釈してください。

色の名前でも占える

ペンギンのイラストの下に
「ポピーレッド」や「スカイブルー」といった
色の名前が添えられています。
「今日のラッキーカラー」や「デートに着ていく服の色」を
聞いてみるのもいいですし、
雰囲気やムードを知りたいようなときに、
色の名前で占ってみるのもおすすめです。
言葉より、もっと抽象的でふんわりとした
こたえを得られるでしょう。

質問のコツ

「はい・いいえ」でこたえられる質問をしないのがコツです。

- ✘ 「彼は私を好きですか?」
- ◯ 「彼は私のことをどう思っていますか?」

- ✘ 「今週は楽しく過ごせますか?」
- ◯ 「今週楽しく過ごすために、心がけることは?」

質問例

「夢をかなえるために、今何をすべき?」

「今日のラッキーカラーは?」

「あの人は私のことをどう思ってる?」

「1年後、私は何をしていますか?」

「転職先候補の会社、どんな雰囲気?」

「友人との関係、今後どう変化していきますか?」

「仕事のトラブル、どう乗り越えればいいの?」

「ダイエットの成功に何が必要?」

「今日はどんな日?」
「ネコは私のことをどう思ってる?」
「苦手な友だちとどうすれば仲良くなれる?」
「いま、私がいちばん大切にすべきことは?」
「このまま彼と付き合い続けたらどうなる?」
「今日身に着けるとラッキーな色は?」
「どんな仕事が向いていますか?」
「どんな学校が私に合っていますか?」
「憧れのあの人に近づくために、どんな努力が必要?」
「10年後、私はどんな生き方をしていますか?」

ポピーレッド

希望

カナリアイエロー

チャンス

チャンスが舞いこむ　新しいことを始める

エメラルドグリーン

宝物

価値を見出す　才能がある

マリンブルー

海辺

風通しがよくなる　開けた場所に行く

オリーブグリーン

勝利

シルバー

沈黙

物静かに過ごす　夜の時間を大事にする

ゴールド

キラキラ輝く

喜びにあふれる　まわりの応援

ブロンズ

名誉

地位を得る　長く残る

グレー

サポート

ローズレッド

告白

愛を伝える　気持ちが伝わる

ターコイズブルー

発見

何かを見つける　価値に気づく

キトンブルー

無邪気

素直になる　童心にかえる

サファイアブルー

気品

品格を持つ　姿勢を正す

シャンパンゴールド

祝福

コーヒーブラウン

小さな幸せ

ワインレッド

歴史

歴史を知る　過去を大事にする

チョコレート

プレゼント

心が浮き立つ出来事　うれしいサプライズ

ベージュ

安全

平和な日常　穏やかな気持ちになる

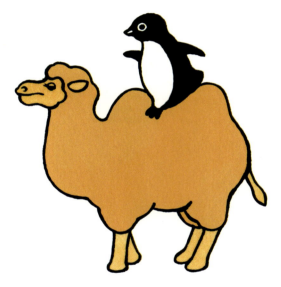

キャメル

前進

計画が進む　目標を定める

ラベンダー

セルフケア

心とからだを休ませる　自分を大切にする

ミントグリーン

清潔

身のまわりを清める　リフレッシュ

オープン

心を開放する

レモンイエロー

刺激

テラコッタ

積み上げる

ローズピンク

片思い

ずっと思い続ける　ファンになる

ルビーレッド

情熱

導く

リーダーになる　主導権を握る

ベビーブルー

大切

相手のことを思いやる　一緒に過ごす

ベビーピンク

保護

面倒をみる　守る　守られる

アップルグリーン

チャーミング

機嫌よく過ごす　かわいがられる

サーモンピンク

備える

準備万端　心にゆとりができる

ブルーブラック

手紙

気持ちを伝える　思いを文字にする

ロイヤルブルー

装う

おしゃれを楽しむ　きれいになる

カーキ

道が開ける

トマトレッド

保つ

アクアブルー

スムーズ

コーラルピンク

受け継ぐ

ピーコックグリーン

優雅

ゆったり過ごす　落ち着いてふるまう

オレンジ

元気

モスグリーン

和む

ライトグリーン

なかよし

よい関係　心を通わせる

ライトブルー

遊ぶ

アプリコット

信頼

信頼できる相手　共に長く過ごす

バイオレット

慈しむ

花を家に飾る　植物や動物を育てる

マラカイトグリーン

美しい実用書

すみれ書房

〉出版目録〈

2023 年 6 月

神秘

内に秘めたものを持つ

ミッドナイトブルー

憧れ

憧れに近づく　星に願いをかける

アンバー

おとな

ひとりの時間を楽しむ　趣味にお金をかける

ココアブラウン

リラックス

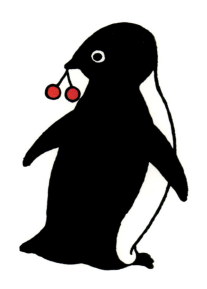

チェリーピンク

バランス

無理をしない　中立の立場をとる

シルバーブルー

弾む

キャロットオレンジ

栄養

からだによいものを摂る　心にも栄養をあげる

クリームイエロー

ごほうび

自分を甘やかす　小さな幸せを見つける

スカイブルー

晴れやか

気持ちが晴れる　状況がよくなる

サックスブルー

動く

行動で示す　ものごとが動き出す

モーヴ

穏やか

ダックグリーン

居場所

マスタード

未知

好奇心を持つ　試してみる

シルバーグレー

しなやか

柔軟に対応する　ストレッチをする

マルーン

選択

直感を信じる　選択肢を整理する

トパーズ

輝く

光を集めて輝く　上を向く

アイビーグリーン

成長

成長し続ける　動きながら考える

アイボリー

慎重

大切に扱う　ていねいな仕事

ピンク

外出

都会に行く　外の世界を楽しむ

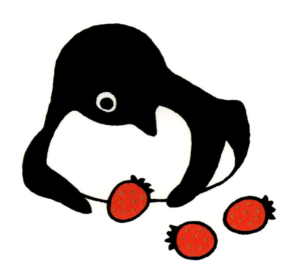

観察

インディゴ

勤勉

まじめに働く　こつこつがんばる

スカイグレー

様子を見る

ピーグリーン

片づける

きちんと収納する　ものごとを整理する

シェルピンク

収集

美しいものを集める　好きなものを集める

ブロンド

繊細

やさしく接する　気をつかう

ボトルグリーン

研究

セピア

過去

過去から学ぶ　昔をなつかしむ

光が見える

希望を持つ　状況がよくなる

<small>べに いろ</small>
紅色

愛でる

ありのままを愛する　愛される

さくらいろ
桜色

春が来る

合格する　ハッピーな出来事

警戒

注意深く接する　様子を見る

萌黄色

未来

先を見る　若い力を信じる

あめ いろ
飴色

お楽しみ

葡萄色

収穫

成果をあげる　努力が実る

ns

円熟味を増す　じっくり待つ

やまばといろ
山鳩色

声をかける

自分から近づく　好奇心を大事にする

撫子色
なでしこいろ

小さな贈り物

鼠色

交換

ギブ＆テイク　情報を交換する

よもぎ いろ
蓬 色

味わう

五感を大事にする　今を楽しむ

柳色

意見を変える

柔軟に対応する　流されてみる

青磁色

貴重

価値がある　尊敬する

山吹色

散歩

まわり道をしてみる　気分転換

<ruby>黄金色<rt>こがねいろ</rt></ruby>

金運

金運がアップする　ごほうびをもらう

鶯色

発信

自分から発信する　意見を言う

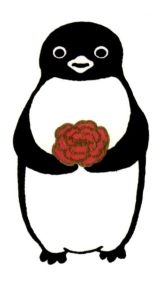

牡丹色
ぼ たん いろ

華やか

華やかな魅力がある　情熱を持つ

あおたけいろ
青竹色

健康

松葉色

伝統

伝統を守る　年長者から学ぶ

朱鷺色

飛翔

茄子紺

模倣

まねをして上達する　本物とにせ物を見分ける

<small>き きょういろ</small>
桔梗色

誠実

散る

解散する　去っていく

ミルク色

習慣

よい習慣を身につける　継続する

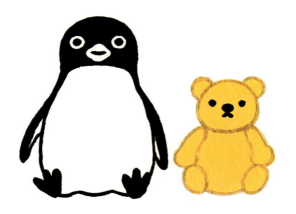

はちみつ色

待つ

烏羽色

親しみ

漆黒
しっこく

闇

先が見えない　停滞する

ペンギンブラック

黒の王様

善いもの、悪いもの、光、闇、区別なく受け入れる

ペンギンうらない カラフル

2021年10月26日　第1版第1刷発行
2023年10月29日　第1版第2刷発行

著　者　**坂崎千春**
発行者　**樋口裕二**
発行所　**すみれ書房株式会社**
　　　　〒151-0071　東京都渋谷区本町6-9-15
　　　　https://sumire-shobo.com/
　　　　info@sumire-shobo.com〔お問い合わせ〕
デザイン　**佐藤亜沙美**（サトウサンカイ）
印刷・製本　**中央精版印刷株式会社**

©Chiharu Sakazaki
ISBN978-4-909957-22-1　Printed in Japan
NDC590　207p　16cm

本書の全部または一部を無断で複写することは、著作権法上の例外を除いて禁じられています。造本には十分注意しておりますが、落丁・乱丁本の場合は購入された書店を明記の上、すみれ書房までお送りください。送料小社負担にてお取替えいたします。
本書の電子化は私的使用に限り、著作権法上認められています。ただし、代行業者等の第三者による電子データ化及び電子書籍化は、いかなる場合も認められておりません。

〔本書で使った紙〕
本文　　b7ナチュラル
カバー　サガンGA　プラチナホワイト
帯　　　サガンGA　プラチナホワイト
表紙　　サガンGA　プラチナホワイト
ボール　NPCC　#28

「どうすればいい人と出会える？」

「今日は何色の服がいい?」

「今日のラッキーカラーは？」